Bibliografische Information der Deutschen Nationalbibliothek

Die Deutsche Nationalbibliothek verzeichnet diese Publikation in der Deutschen Nationalbibliografie; detaillierte bibliografische Daten sind im Internet über http://dnb.d-nb.de abrufbar.

e verlags gruppe engagement

Das Gesamtprogramm von Butzon & Bercker finden Sie im Internet unter www.bube.de

ISBN 978-3-7666-1534-3

Umschlaggestaltung und Layout: Elisabeth von der Heiden, Geldern
Satz: Kai & Amrei Serfling GbR, Leipzig

Irmgard Erath

Glück und Freude –

Balsam für die Seele

Butzon & Bercker

Was gibt es Schöneres, als sich zu freuen und von Herzen glücklich sein zu können? Glück und Freude zu empfinden ist die Fähigkeit, die unserem Dasein Licht und Farbe gibt; sie ist ein wunderbares Privileg innerhalb der Schöpfung, ein Geschenk des Himmels.

Aber auch wenn Glück und Freude uns geschenkt sind, liegt es an uns, sie zu sehen, sie in unser Leben und in unser Herz einzulassen. Sie brauchen unser Ja. Und sie brauchen unsere Bereitschaft, sie nicht für uns selbst zu behalten, sondern sie weiterzugeben, sie miteinander zu teilen.

Die hier gesammelten schönen Gedanken und guten Wünsche möchten Glück und Freude weiterschenken – an dich.

Ein Wort zuvor

Heiterkeit und Gelassenheit
seien die Blumen an deinem Weg;
die Freude sei die Sonne
und das Glück
der blaue Himmel über dir.

Menschen, bei denen du
dich geborgen fühlst,
mögen an deiner Seite sein;
die Hoffnung möge dich begleiten
und ein Engel dich beschützen.

Wünsche für deinen Weg

Nichts kann dem Herzen
mehr Freude schenken
als ein liebes Wort,
eine zärtliche Geste,
ein ermutigendes Lächeln
im richtigen Augenblick.

Kostbares

Ich wünsche dir,
dass du das Glück,
das du erfahren darfst,
als das annehmen kannst,
was es ist:
ein liebevolles, aber sehr
zerbrechliches und gerade
darum so kostbares
Geschenk des Lebens.

Geschenk

Das wertvollste Gepäck
auf unserer Lebensreise
ist das Wissen,
dass die Menschen,
die uns lieben,
immer bei uns sind:
in ihren Gedanken,
in stillen Gebeten,
mit guten Wünschen,
mit ihrem ganzen Herzen.

Wertvoll

Keine Sprache der Welt ist
so voller Harmonie und Leben,
so zart und fröhlich
wie die der Blumen.

Ich wünsche dir,
dass du ab und zu mit Blumen
überrascht wirst,
die dir erzählen,
wie viel Freude dir die Menschen
machen möchten,
die sie dir schenken.

Die Sprache
der Blumen

Gerade die kleinen Dinge
können uns die schönsten
Momente schenken.

Weil sie keinen Lärm machen,
sich nicht aufdrängen,
einfach da sind und darauf warten,
dass wir sie entdecken,
dass wir sie annehmen,
uns von ihnen bezaubern lassen.

Die kleinen

Ein leuchtendes Morgenrot,
ein farbenfroher Regenbogen,
ein glühender Sonnenuntergang …

Ein selbst gepflücktes Blumensträußchen,
ein liebevoller Blick,
eine stille Umarmung …

Schenken wir diesen kleinen Dingen
unsere ganze Aufmerksamkeit!
Sie tragen bunte Farbtupfer in unser
Leben und die Freude ins Herz.

Dinge

Die Stille suchen,
sich von ihr umarmen lassen,
um die Welt und ihre
Sorgen wenigstens für
kurze Zeit zu vergessen …

Der Stille vertrauen,
sie in sich aufnehmen,
um dann mit einem
ganz neuen Gefühl
von Freude, Leichtigkeit
und innerem Freisein
in den Alltag zurückzukehren …

Das ist etwas
unglaublich Schönes.

Stille

Menschen mit einem fröhlichen Herzen
sind erfrischend
wie Tautropfen am Morgen.

Dass du gerade dann,
wenn du dich schwach fühlst,
wenn du dich nach Trost
und neuem Mut sehnst,
solche Menschen um dich hast,
das wünsche ich dir.

Erfrischend
wie Tautropfen

Mögest du in der Nähe,
die du anderen schenkst,
dich auch selbst geborgen fühlen.

Mögest du in der Zeit,
in der du andere tröstest,
dich auch selbst getröstet fühlen.

Mögest du in der Freude,
die du mit anderen teilst,
dich ganz und gar glücklich fühlen.

Unsere

Unsere Sehnsucht
nach dem Neuem und Unbekannten
und unsere Sehnsucht
nach Ruhe und Geborgenheit
schließen einander nicht aus.
Sie gehören zu unserem Dasein,
wie Ebbe und Flut zum Meer gehören.

Und es ist schön, der Sehnsucht zu folgen.
Sie ist der sanfte Impuls des Lebens.

Sehnsucht

Mögest du nie müde werden,
die kleinen Freuden
und Glücksmomente,
die das Leben für dich bereithält,
zu sammeln und in deinem
Herzen zu bewahren.

Sie können zu einem großen
inneren Schatz für dich werden.

Innerer Schatz

Ich wünsche dir Begegnungen,
die einfach traumhaft sind.

Begegnungen,
die dich zum Träumen bringen
oder einen Traum Wirklichkeit
für dich werden lassen.

Begegnungen,
die ein traumhaftes Plätzchen
in deinem Herzen bekommen.

Begegnungen

Wirklich schön ist es bei Freunden,
von denen wir uns ganz und gar
angenommen fühlen, bei denen
wir spüren, dass wir jederzeit
von Herzen willkommen sind,
und die immer eine Tür oder ein
Fenster für uns offen halten.

Für alle Fälle – und sei es
mitten in der Nacht.

Spüre

Solche Freunde wünsche ich dir.

Sie sind wie ein zweites Daheim
und vermitteln ein wunderbares
Gefühl von Geborgenheit.

Geborgenheit

Wunder können nur geschehen,
wenn wir an sie glauben,
wenn wir ihnen unser Herz offen halten.

Dass du den Mut dazu hast,
das wünsche ich dir.
Und dass es immer wieder
kleine Wunder gibt,
die sich in der Stille
deines Herzens vollziehen,
beschützt vor den Augen der Welt.

Kleine Wunder,
die dich glücklich machen.

Kleine Wunder

So wie der Regenbogen
Himmel und Erde verbindet,
so verbindet ein Lächeln
die Herzen der Menschen.

Dass es dir gerade
dann geschenkt wird,
wenn du dich allein fühlst,
das wünsche ich dir.

Ein lächeln
verbindet

Ich wünsche dir liebevolle Achtsamkeit,
wenn es jemanden in deiner Nähe gibt,
der einen Engel braucht.

Und ich wünsche dir den Mut,
ihm wirklich ein Engel zu sein.

Einander Engel sein macht glücklich.
Beide.

Einander

Möge der Herr dich begleiten,
wohin deine Wege dich auch führen.

Möge er dich beschützen,
wo immer du auch sein wirst.

Möge er dich segnen,
damit dein Leben gelinge und du
von Herzen glücklich werden kannst.

Engel sein

Es gibt Dinge im Leben,
die uns nur gehören,
wenn wir sie sorgsam im Herzen bewahren.

Darum müssen wir behutsam umgehen
mit den kleinen und großen Freuden,
mit den Träumen und Hoffnungen,
die das Leben uns schenkt.

Denn wie viel Schönes würde,
ans Licht geholt, das Kostbarste verlieren:
den Zauber des Geheimnisses.

Geheimnis

Gebete sind Brücken
zwischen Himmel und Erde,
von Mensch zu Mensch,
von Herz zu Herz.

Ich wünsche dir,
dass die Gebete der Menschen,
die liebevoll an dich denken,
eine Brücke bauen können,
die dich ganz fest
mit ihnen verbindet.

Brücken

Das Leben ist voller Möglichkeiten,
etwas in der Welt zu bewegen.

Versuche es einfach hin und wieder!
Es muss ja nicht gleich
etwas Weltbewegendes sein.

Auch das Gelingen kleiner Taten
schenkt Freude und Glück.

Ich wünsche

Ich wünsche dir den Mut,
traurig zu sein,
wenn dein Herz von Sorgen schwer ist,
aber auch der Hoffnung zu folgen,
wenn sie dich ruft.

Ich wünsche dir den Mut,
vergnügt zu sein,
wenn dein Herz von Freude voll ist,
und das Glück willkommen zu heißen,
wenn es bei dir anklopft.

dir Mut

Träume sind die Bilder,
die die Sehnsucht
in unser Herz zeichnet.

Unsere Hoffnung verleiht
ihnen ihre zarten Farben.
Unser Glaube an sie gibt
ihnen ihre Lebendigkeit.

Dass du nie aufhörst,
an deine Träume zu glauben,
das wünsche ich dir.

Träume

Ich möchte dir
einen kleinen Stern
mit auf den Weg geben,
der dir Licht schenkt,
wenn es dunkel wird,
und dich tröstet,
wenn du traurig bist.

Einen kleinen Stern,
der immer auf dich schaut
und sich genauso freut wie ich,
wenn du glücklich bist.

Glücklich sein

Fotonachweis

Cover, Vor- und Nachsatzpapier: © Himberry – photocase.com
Vorsatz- und Nachsatzpapier: © Anette Linnea Rasmus – Fotolia.com
S. 3: © pilzius – photocase.com
S. 5: © WONG SZE FEI – Fotolia.com
S. 7, 29: © manun – photocase.com
S. 8/9: © Team – Fotolia.com
S. 11: © SVLuma – Fotolia.com
S: 13, 32/33: Gisela Kruse
S. 14/15: © ecobo – Fotolia.com
S. 17: © Sunnydays – Fotolia.com
S. 19: © Fotoline – photocase.com
S. 20/21: © joexx – photocase.com
S. 23: © Swetlana Wall – Fotolia.com
S. 25: © Sandra Cunningham – Fotolia.com
S. 26/27: © felinda – Fotolia.com
S. 31: © Zanna – Fotolia.com
S. 35: © MisterQM – photocase.com
S. 37: © obiahman – Fotolia.com
S. 38/39: © ARNAUD JORON – Fotolia.com
S. 41: speednik – photocase.com